Alain Coudert

Taï Ji Quan : La méditation en mouvement

Alain Coudert

Taï Ji Quan : La méditation en mouvement

Éditions Vie

Imprint
Any brand names and product names mentioned in this book are subject to trademark, brand or patent protection and are trademarks or registered trademarks of their respective holders. The use of brand names, product names, common names, trade names, product descriptions etc. even without a particular marking in this work is in no way to be construed to mean that such names may be regarded as unrestricted in respect of trademark and brand protection legislation and could thus be used by anyone.

Cover image: Fourni par l'auteur

Publisher:
Éditions Vie
is a trademark of
International Book Market Service Ltd., member of OmniScriptum Publishing Group
17 Meldrum Street, Beau Bassin 71504, Mauritius

Printed at: see last page
ISBN: 978-613-9-58926-5

Alain Coudert

TAÏ JI QUAN :
LA MEDITATION EN MOUVEMENT

Photos et logo Elisabeth Rennesson

Cet essai n'est pas un cours de Taï Ji Quan[1]. *Il décrit le processus par lequel j'ai découvert cette discipline, mes faux pas, mes erreurs, mes découvertes, mes avancées. Pas doué au départ, j'ai continué parce que des nouvelles connexions au calme physique, corporel et mental sont finalement apparues.*

Pour les cours de Taï Ji Quan, choisissez un enseignant. Pas un livre ou une vidéo sur internet. Il s'agit d'un art vivant. Vivant !

Je me suis rendu compte bien sûr qu'il existait beaucoup d'écoles de Taïchi[2]. *J'en ai essayé d'autres, je n'ai jamais trouvé la même richesse que dans l'École de la Voie Intérieure de l'Art du Chi Méthode Stévanovitch. Mais bien sûr, je n'ai pas essayé toutes les écoles... Après quelques années d'études, la lecture des livres de Vlady Stévanovitch m'a conforté dans mon choix. Sa recherche personnelle si profonde est restée naturelle. Pas de grandes phrases qui mènent on ne sait où. Il a disséqué par son expérience et son observation jusqu'à la naissance de la pensée. Ceux qui ont essayé comprendront quelle neutralité est nécessaire dans cet acte. Son approche est juste, elle résonne dans notre esprit cartésien : l'application répétée des techniques ancestrales décrites pour les occidentaux et la simple question « que ressens-tu ? ». La découverte croissante devient totale et recréée. Alors s'ouvre le monde discret du Chi*[3]*, peu visible pour les non-initiés et si puissant et apaisant pour ceux qui ont choisi la Voie Intérieure.*

Alain Coudert

---

[1] Voir pour cela les livres de Vlady Stévanovitch . (http://www.artduchi.com)

[2] Taï Ji Quan ou Taïchi peuvent être utilisés pour la même signification.

[3] Chi : énergie vitale

1. Apprenti du Chi, accepte les cycles.

Suivre la transmission orale de maître à élève.

Accepter de lâcher prise...

Inspirer... et une fleur naît au Tantien[4]*,*

Expirer et les pétales tombent.

Accepter les cycles,

Vivre et lâcher prise...

La transformation

Les errements donnent la direction

Bien souvent, on arrive avec une image toute faite de l'activité qu'on a choisie. Pour ma part, j'avais vu sans doute à la télévision un parc chinois dans lequel un groupe pratiquait le Taï Ji Quan dans le même rythme. Ce qui avait retenu mon attention, outre la grâce des mouvements des bras et l'harmonie de l'ensemble, c'était leur regard. Il était empreint d'une profondeur qui m'avait touché et derrière lequel je pressentais un état intérieur bien agréable.

Si ''quelque chose'' était passé et m'avait attiré, le parasitage des images toutes faites est tout de même un frein dans l'étude du Taïchi. Combien de

[4] Tantien : (prononcer : tann'tienn') Matérialisation de l'énergie vitale située au centre du bas-ventre (Dan tian : litt. champ de cinabre)

fois ai-je souri lorsque mon esprit utilisait ces images « toutes faites », les ‘‘à priori’’ ?

Par cette voie intérieure, nous constatons notre prédisposition à l’emballement soit dans la colère soit en amour et parfois aussi dans la gourmandise de jongler avec les mots intérieurs.

Remarquer aussi le plaisir pris à réfléchir, à associer, à se forger un avis.

Le singe fou, c’est ainsi que les asiatiques avaient nommé l’activité gigantesque de notre mental, apparaît aux fenêtres de notre maison intérieure. Il est tellement rapide qu’il semble apparaître à plusieurs fenêtres en même temps.

Sa rapidité et ses multiples connexions sont stupéfiantes.

Les scientifiques ont découvert assez récemment les possibilités exceptionnelles du cerveau. Ces constatations rejoignent la description du singe fou.

Et puis on découvre les neurones des intestins[5]. Il y aurait même plus d’informations qui remontent vers le cerveau que celles qui en descendent !

J’ai la joie de comprendre que la recherche de l’Art du Chi correspond à une intégrité de l’humain et que tout mon être induit mes actions. Mon cerveau n’est qu’un élément de ce tout, il ne fait pas tout, il ne sait pas tout. Lui, les

---

[5] Michael Gershon de l’Université Columbia à New York fut le premier à décrire un « organe sensible et intelligent dans le ventre » composé de 200 millions de neurones (équivalent à un animal de compagnie comme le chien). Voir aussi: Florian Voinot. Axe cerveau-intestin et contrôle de la prise alimentaire: exemple d’altérations chez un modèle animal de schizophrénie. Endocrinologie et métabolisme. Université de Strasbourg, 2012.Français. NNT: 2012STRAJ058. tel-00790379 (https://tel.archives-ouvertes.fr/tel-00790379/document)

intestins et sans doute tout ce que je suis façonnent ma main pour qu'elle me brosse les dents, me coiffe, écrive, tape sur un clavier de piano ou d'ordinateur, crée le mouvement et la grâce.

Je peux constater de la même façon que j'ai façonné le « singe fou » pour interpréter, assimiler, juger, utiliser ma mémoire, m'attrister, m'esclaffer.

Tout en moi me recrée et me perpétue. J'apprends aussi que presque toutes les cellules du corps se renouvellent avec des chronicités différentes[6].

Je peux donc donner une direction que j'aurais choisie et peut-être me transformer. Une direction à laquelle je peux donner une intention claire.

[6] Les cellules de nos organes : un feu d'artifice de différences: https://professeur-joyeux.com/2014/08/20/les-cellules-organes-feu-dartifice-differences/

Le choix

Au moment du choix, le singe fou n'apparaît pas par les fenêtres du corps (yeux, bouche, expression des mains, du corps...). Le regard est intérieur.

Le mental dispose les éléments puis décide. En utilisant la mémoire (la sienne ou en s'aidant de la mémoire collective), il décide du présent. Que peut-il faire d'autre ? Nous avons souvent à choisir : son temps de loisir, sa paire de chaussures, un livre, sa voiture, son alimentation, son téléphone...

Cette décision-pivot aura des effets qui influenceront directement les choix et les décisions futures.

Cette décision-pivot est donc dictée par les choix précédents.

La facétie du singe fou est de me faire croire que je choisis. Comment remonter toutes les origines des décisions menant à celle-ci alors que mon mental a déjà perdu mes questions à la lecture des premières lignes de ce livre ?

Devant cette impossibilité, soit je bute sur le problème soit je l'accepte.

L'acceptation d'une impossibilité est le premier pas vers le lâcher-prise.

Mais enfin... « Rien n'est impossible ! », « tu renonces trop vite ! », « il faut se battre ! », « tu t'y remets, et à 200% ! ». Nous connaissons ces phrases toutes faites qui reviennent pour nous pousser à coller à une certaine volonté collective et devenue impérative.

Toi qui dictes ces phrases, au prix de quels sacrifices sur toi-même as-tu utilisé ces arguments ?

Les as-tu seulement appliqués ? Quel renoncement t'ont-ils coûté ? Penses-tu vraiment aider l'être qui se pose et qui réfléchit à son destin ?

Quel pouvoir d'influence cherches-tu ?

Le lâcher-prise n'est pas un renoncement. C'est une pause consciente qui permet à ton ami de te montrer le mur vers lequel tu vas te cogner. Cet ami est ton meilleur ami. C'est toi- même.

Choisir la bienveillance envers soi-même

Cette bienveillance envers soi-même n'est-elle pas un acte égoïste ?

Ce n'est pas si facile car tu es jugé(e) par les autres avant d'avoir pu observer tes propres actes. Ce qui te fait perdre un temps précieux et tes moyens.

Le regard de ceux qui nous entourent reste influenceur dans notre désir ou notre besoin de cohabitation.

Mais je pressens que c'est le moment. Celui peut-être que j'attendais... A cet instant-là, je ne sais pas encore où cela me mène, mais j'avance.

Je choisis de vivre chaque minute en paix avec moi-même. Cette relation apaisée à soi est le premier pas vers une relation vraie avec les autres. La profondeur trouvée dans le travail holistique du Taï Ji Quan instaure une stabilité, un équilibre global, qui se décline dans sa relation intègre à l'univers.

Le choix est fait.

Je choisis la bienveillance avec moi-même et sans connaître toutes les origines de cette décision, je perçois que ce choix résonne en moi, calme, pose. J'ai peu de mots devant ce ressenti physique qui m'emplit.

Ce choix est installé. Le singe fou sourit. Je vais avancer maintenant vers les actes qui concrétisent ce chemin.

Premier cours

Mais voilà que je commence un premier cours dans lequel je ne débute pas en apprenant des mouvements de bras mais en me couchant sur un tapis de sol et en déplaçant mon attention dans mon corps pour trouver des tensions.

Mais quelles tensions ? Une fois couché, je suis prêt… à dormir. Je suis couché, donc détendu, non ...?

Les pieds sont assez relâchés, globalement. Mais le parcours dans le corps qui suit laisse entrevoir qu'il subsiste en effet quelques tensions…

Maintenant, position assise... Là, je n'ai pas pu suivre grand-chose car c'était compliqué !

… Ça l'est resté assez longtemps. Rester assis sur un tapis de sol entraîne au bout d'un instant des douleurs un peu partout quand on n'est pas habitué. Il faut acheter un petit banc ou un zafu (coussin dur) et apprendre à s'installer dessus.

Enfin debout. Premier apprentissage de la marche Taïchi (appelée aussi « marche du chat ») et du premier mouvement. La coordination n'arrive pas tout de suite et cette histoire de mouvement qui part du pied vers le bassin pour aller dans les mains est loin d'être évidente. Mais ça y est, l'apprentissage commence !

En rentrant chez moi après ce premier cours, je fais rire toute la maison parce que j'ouvre la porte très lentement et je rentre en marchant à la vitesse Taïchi…

Ce n'était pas gagné. Le cours m'avait plu, j'avais senti mes freins mais je sentais que ces premiers pas me permettaient de découvrir un autre monde. Celui de la Voie Intérieure et de la recherche du centre vital.

Depuis longtemps je cherchais le juste milieu. Cet équilibre devait reposer sur un centre. *Trouver le centre* était depuis longtemps un but important.

Un enseignant me propose des techniques qui permettent de trouver ce *centre* et de le garder !

Rire et se relever

Les experts sont les personnes qui ont traversé le plus d'échecs

Marche et tu le rencontreras. Les formes peuvent être multiples et écoute si les propos, le ton qu'il utilise, les mots choisis, sont en vibration avec ton choix de bienveillance envers toi-même.

Tu auras un guide pendant un instant de vie. Sois vigilant(e) car tu approches un art de vivre. Ne crois pas tout. Si c'est le bon, il t'amènera à concrétiser physiquement une amélioration. Il ne s'agit pas de croire mais de sentir.

Essaie. Trompe-toi. Trompe-toi de guide. Essaie encore. Tombe. Relève-toi.

Tu es l'enfant qui apprend à marcher et qui rit de ses chutes, mais tu marcheras… Parce que tu seras tombé(e). Si tu es tombé(e), c'est que tu as essayé.

Et puis le cours commence et tu te couches sur un tapis de sol et les instructions viennent. Mon corps est lourd. Mon corps est chaud.

Un jour survient la première détente... (Moi qui me croyais détendu pendant ces premiers mois d'essais !). D'abord pas de mot. Une sensation de bien-être venue du fond de mon être. Tiens ! Il existe quelque chose au fond de moi, d'immense, profond et stable.

Cette sensation crée une joie profonde que je souhaite ressentir à tout moment.

Il existe donc des techniques sûres, éprouvées qui te portent vers une transformation concrète. Reprenons. D'abord cette fameuse détente de l'abdomen que je divise au niveau du nombril entre ventre-haut et ventre-bas. Mes questions toute occidentales… alors je fractionne ? Ou je considère le tout ?

Fractionner pour travailler, puis rétablir tout. Je reviens aux exercices... Expirer. Longuement. Rester dans la facilité, ne pas forcer et ouvrir son écoute au corps. Couche superficielle puis descendre. C'est le premier niveau. Passer la barrière de la peau et approcher ses structures internes. Pas par les planches anatomiques mais par l'écoute.

Je suis comme des oreilles qui n'ont jamais entendu de musique :

- Des sons mêlés d'abord, plutôt agréables : C'est la première expiration consciente.

- Puis des sonorités différentes mêlées à des hauteurs changeantes : C'est l'écoute de ma première seconde si courte d'apnée consciente.

- Puis les sentiments qui surgissent des mélodies et des arrangements : C'est la première prise de conscience de l'apparition du bien-être.

En persévérant j'entendrai bientôt les accords mineurs, majeurs. Les harmonies. Les enchevêtrements de mélodies. Les accords de septième, de quinte, neuvième, diminués, augmentés !

A quoi cela correspondra dans l'approche de mon bien-être ?

Et bien sûr mon singe fou m'a fait perdre une bonne partie du déroulé de l'exercice ! Où en est le cours ? J'étais dans le ventre, je me suis emballé sur la musique alors qu'autour de moi on voyage dans la détente du visage. *Je ris, je me relève et je recommence.* Couché.

Laisse ton abdomen descendre naturellement à chaque expiration et découvre ce qui retient ce ventre, le durcit, ce qui t'empêche de laisser ta cage thoracique se refermer et s'ouvrir plus grand. Ne te bats pas contre lui, qui est toi. Trouve la première résistance et devient son ami(e). Elle lâchera … prise. Ce n'est pas encore cette fois-ci ? *Ris de ta chute et recommence.*
Lorsque la première résistance de ton ventre commence à tomber, par sympathie, les autres vont suivre. Pas aujourd'hui ? *Ris et recommence.* Suis les indications, d'autres connaissent les chemins et un de ceux-ci deviendra le tien, peut-être plusieurs d'entre eux constitueront ta Voie.

Aujourd'hui ce sont les paumes des mains posées délicatement sur le bas-ventre, c'est là que se situe ton attention. D'abord sentir le mouvement tout doux, presque rien, absorbé par la force du ventre haut et le soulèvement de la poitrine. Conduire sa respiration sous les mains. Sans forcer. Savoir se prendre par la main avec amour et resituer l'inspiration sous les paumes. Non ne force pas. Tu vas trouver l'inspiration... par la détente de ton expiration.

Recommence, tombe, *rit et relève-toi pour recommencer.*

Maintenant, une promenade consciente dans le corps. Instruction : ne pas utiliser d'images mentales de son corps mais déplacer son attention (sa conscience présente) par les chemins corporels.

S'asseoir au bord du chemin pour découvrir ces tensions et ses détentes. Écouter attentivement les crispations profondes. Ne pas combattre, doucement comprendre, écouter, apaiser. Puis redécouvrir son corps aimé, calmé. Sentir alors qu'il prend une nouvelle dimension. Lourd de ses muscles détendus et léger de l'absence de contraction. Étalé et prêt à bondir. Touche à la subtilité de ce que nous sommes : à la fois extraordinairement éveillé et profondément apaisé.

Maintenant, j'essaie d'aller au travail, de vivre en famille avec cet acquit. Je perds parfois cette conscience présente, je m'en rends compte. Je considère les faits qui me font perdre cet état d'être. Je ris et je me relève.

Concilier le travail, les relations familiales avec ce que j'ai appris et qui oriente maintenant ma vie. Est-ce possible ? Je ne puis parler avec tout le monde de cet environnement si différent sous peine d'être regardé comme une espèce au moins bizarre.

C'est dans mes réactions plus posées, plus réfléchies, dans mon attitude globale, les distances que je sais prendre avec les décisions à prendre que le regard qu'on me porte change. Oui. Toujours les effets concrets d'un accord intérieur.

Comme cette personne énervée que je reçois dans mon bureau au travail et qui au bout de trois minutes me demande quelle pratique j'utilise pour le calmer aussi efficacement. Pourtant je n'avais rien tenté. J'étais resté au Tantien pendant son discours, je compris que le travail s'était fait en moi… après moins de deux ans d'expérience.

Parfois aussi, une distance qui s'installe avec ceux que je pensais si proches.

Ne pas résister

Continuons. Assis au sol.

Ouille ! Ce n'est pas la posture la plus simple pour moi. Les résistances physiques sont un peu plus « palpables » ! Et là encore, il faudra réussir à ne pas m'imposer si longtemps cette posture assise que je veux conserver comme ceux qui sont autour de moi. Comment font-ils pour rester assis sur un petit coussin, jambes croisées, ou jambes sous les fesses ? Je ne tiens pas plus de dix minutes et ensuite je souffre !

Souffrir n'est pas choisir la bienveillance envers moi-même.

Combien de temps a-t-il fallu pour enfin changer de posture alors que personne ne m'en empêchait ?

Malgré les recommandations de l'enseignant, je veux encore coller à l'ensemble des élèves du cours. Résister pour devenir comme les autres !

Il me faut encore apprendre ce que je suis. Je ne suis pas les autres. Reconnaître ses limites et ses capacités. Approcher une juste connaissance de soi par l'observation de ses propres réactions et celles qu'on suscite aux autres, réaliser qu'il existe un formatage de la pensée et qu'on peut reprogrammer un chemin qui mène dans une voie sans issue.

Voici maintenant que je ressens une crampe dans le pied. Non, vraiment cette posture assise n'est pas faite pour les occidentaux.

Exercice de roulades ou « prendre le pied ». Couché, attraper un pied avec les deux mains et laisser le pied tirer tout le corps à gauche puis à droite. Ça bouge un peu, très peu. Maintenir son attention dans tout le dos pour lâcher, lâcher, lâcher les tensions. Ce travail peut se révéler très difficile quand on est comme moi souple comme un verre de lampe.

Regarder l'enseignant. Absorber son mouvement. Tenter la même chose. Adapter avec son état de corps. Sentir là où ça force. Tout arrêter. *Rire. Et recommencer, tant de fois.*

Et un jour, tout n'est pas encore là, mais le chemin de corps est tracé. Et donc la posture assise au sol est beaucoup plus facile. Je peux maintenant tenir trente minutes. Ce sera bientôt soixante-quinze…

Pour les roulades, ce n'est qu'après sept années que j'ai commencé à les enseigner.

J'apprends qu'on travaille sur la totalité de ce que nous sommes. J'apprends que la Médecine Traditionnelle Chinoise fonctionne sur ce postulat.

Une douleur peut être le résultat d'un accident mais aussi la conséquence d'une somatisation.

Somatiser c'est « avoir des troubles physiques causés par des problèmes psychologiques » donc se faire du mal (sans le vouloir?). Le choix de la bienveillance envers soi c'est le contraire. (En le voulant).

Je réduis pendant la deuxième année presque toutes mes douleurs de dos par l'utilisation des techniques de respiration liées à des positions de corps. Des douleurs aiguës dans le bas du dos m'ont amené à consulter. Radios dans tous les sens. Le rhumatologue dit : je ne trouve pas d'anomalie ! Quoi ? Et mes douleurs si fortes ?

Je compose ma solution trouvée par expérimentation.

Doucement je me positionne assis sur une chaise sur l'avant des ischions, à l'expiration je laisse descendre le haut du corps, la tête entre les jambes (là où je peux selon les douleurs), les bras à l'extérieur des jambes. Dans cette position : technique de respiration « par le dos » zones : lombaire, costale, omoplates, sous claviculaire puis expiration profonde et relaxante. Répéter quelques fois. Puis se relever doucement à l'inspiration et les yeux ouverts.

Simple et efficace. Un petit moment de conscience présente. Pour remercier la transmission arrivée jusqu'à moi.

Au bureau, je vais faire ça dans les toilettes. Ça prend trois minutes et je ressors avec le sourire.

Au fait le rhumatologue avait raison, je n'avais « rien » ! Presque rien. Enfin rien de reconnaissable sur les radios.

Je reconnais que l'application assez rigoureuse de certaines techniques permet des changements profonds. Chacun, par son écoute peut trouver ses propres solutions. Ce n'est pas un médicament miracle. Pour les maladies, il faut un médecin. Pour le reste, garder une oreille attentive aux effets des divers exercices proposés. Ils vont tous dans le sens du bien-être, certains apportent des éléments voire des solutions. Ce sera toujours une combinaison de relaxation, respiration, conscience, techniques énergétiques et mouvements.

Premières relations avec le Chi

Rien pendant des mois. Je ne suis vraiment pas doué !

Je vois des sourires de satisfaction ou de surprise autour de moi pendant les exercices. J'ai beau positionner mes paumes des mains face à face, respirer, écouter… Rien.

Pas doué ? Ou fermé, ou sourd et aveugle ? Mais je suis les exercices. Ne sois pas pressé. *Continue, relève-toi…*

Et puis, les massages des mains.

Après une relaxation, l'enseignant propose une quinzaine d'exercices qui vont réveiller les mains au plus profond d'elles-mêmes. Trois premiers exercices puis l'écoute… oui, la réaction naturelle des mains aux pincements et étirements. Six suivants, l'écoute... Oui bien sûr, à force de tapoter dans tous les sens, le ressenti est clair mais sans doute et simplement, le résultat de l'automassage. Encore six suivants plus doux, presque des caresses. Écoute du ressenti. La réaction physique se transforme. Située au début sur certaines zones sensibles, l'effet s'étale et fait place à un ressenti plus global. Un gonflement. Un peu l'impression d'avoir des gants de boxe.

Et soulever doucement, lentement les poignets qui emportent les mains toujours très détendues. Avec beaucoup d'attention, les orienter face à face. Écouter… Oui ! Une nette sensation de relation entre les mains !

Tout de suite, la veille… Suis-je manipulé ? Ce que je ressens est-il le résultat de mon travail ? Oui des réactions saines qui ne disparaîtront pas totalement mais qui s'estomperont par la confiance qui s'installe avec les enseignants et surtout leur enseignement.

Allier l'inspiration avec l'écartement des bras et l'expiration avec leur resserrement. Les bras bougent mieux parce que le dos a commencé (enfin) à se détendre !

Expansion et pression entre les mains !

Je ressors de ce cours avec des interrogations. Exacerber le toucher, peut-il conduire à sentir enfin le Chi ? Ce mot oriental venu de Chine, me... désoriente. Chi, traduit avec...deux mots : énergie vitale, issu du Tantien (Dan Tien) ou champ de cinabre, centre énergétique situé au centre du bas-ventre. Comment approcher des notions corporelles qui ne sont pas supportées par des planches anatomiques, des explications claires des spécialistes du corps : nos médecins. Sept ans d'études... et pas de Chi.

La proposition est de partir à leur découverte par l'expérimentation. A chaque exercice, que ressens-tu ? A quel degré le ressens-tu ? Si tu ressens, peux-tu affiner ta sensation par une écoute plus précise ?

Tonalité majeure, mineure. Mes oreilles sont sorties du bruit.

Je comprends que les sensations physiques iront de pair avec la détente physique et mentale, l'extinction des résistances, l'apaisement du vouloir faire.

Vouloir faire. Faire sans vouloir faire. Wei Wu Wei. A priori deux notions inverses que je lis mais ne saisis pas. Je ris, me relève et continue.

La détente, la respiration et le mouvement

Chaque cours propose en principe les trois éléments. Le mouvement dépend de ta respiration qui dépend de ta détente… qui dépend de ton approche du mouvement…

J'ai commencé par répéter le lendemain l'étude du mouvement appris la veille. Puis tous les matins je répète les anciens et les nouveaux mouvements appris. D'abord revoir les derniers, puis toute la série depuis le début. Je suis satisfait, à la fin de la première année, je connais les vingt-quatre postures de Taï Ji Quan et quelques postures de Qi Gong.

Je commence à inclure la respiration, au moins les rythmes principaux. Inspirer pendant la préparation du coup et expiration au moment du coup porté. C'est beaucoup dire. Les « coups » au Taïchi sont assez loin du coup martial. Je commence aussi à comprendre la relation entre l'art martial et l'art du Chi, je pressens leur intimité…

Ma course à la mémorisation me semblait logique, on me montre un mouvement, je mémorise en répétant…

J'ai été surpris d'être le seul à connaître les 24 postures en fin de saison. En fait depuis si longtemps que je donne cours, je n'ai trouvé que très peu de personnes qui avaient suivi cette logique.

Et en effet, ce n'est pas la meilleure chose à faire. Ma mémoire avait subi les torsions de mon singe fou, mon corps avait offert toutes les résistances avec ses tensions... Quatre ans après je recommençais les cours de débutant pour modifier tout ce qui était entré faux !

Ce qui permet de se sentir humble devant le chemin à parcourir. Nous sommes devant notre montagne de résistances et cela fait du bien de voir par quelle face nous allons la franchir. L'enseignement offre cette immense possibilité, on te montre et tu regardes où mettre tes pas pour continuer la route vers ton intégrité.

Le faux se montre. Les mensonges sautent aux yeux. La réalité se transforme et devient moins sûre car construite d'éléments peu fiables. Tu te rapproches de l'instant présent. Tu t'approches de Toi.

Premiers pas dans la détente et la respiration

Les premières essais sur la respiration sont peu convaincants (décidément pas doué !). Je comprends petit à petit que l'exercice qui nous fait pousser depuis le Tantien (centre) vers l'avant du bas-ventre pendant l'inspiration n'est pas l'exercice. Celui-ci comprend la phase indispensable de détente musculaire à l'expiration et qui est, en fait le début de ce travail. Le début finalement de tout exercice d'exploration du Chi.

Je décide que ce sera mon leitmotiv si un jour je donne des cours. Il faut un peu de temps pour rompre avec les habitudes mentales qui se focalisent sur l'effort. A priori, dans l'acception occidentale, l'exercice est un effort, ce qui annihile le reste, même si l'enseignant insiste sur la détente !

Il faudra, là aussi un peu de temps pour que le regard intérieur s'interroge. Expérience ratée ou peu parlante. Recommencer. Ça ne marche pas. Recommencer… S'interroger. Devenir expert de ses échecs. Se comprendre. Reconnaître ses habitudes mentales, leur sourire, et influencer une autre approche. Ah : premier résultat ! L'inspiration envahit enfin les lobes des poumons peu sollicités pendant la vie courante. Ça s'ouvre ! Pas parce que j'ai forcé mais parce que j'ai changé ma méthode en suivant enfin les indications.

Atteindre la première détente. Inspirer, expirer. Continuer. Un jour atteindre le deuxième niveau de détente. Stupéfaction et joie intérieure. Il y avait donc en moi ce deuxième niveau de détente qui m'était inconnu.

Si vous lisez ce livre sans connaître ce non-travail, vous lisez un roman. Vous êtes dans le mental et du coup, vous imaginez la suite. Mais elle est inimaginable car ne correspond jamais à vos schémas de pensée. La respiration est liée au Chi et ce sera toujours une découverte parfois sublime, parfois déconcertante, jamais ce que vous attendiez ! Même après deux décennies et demie de non-travail…

Mais cela fait bien longtemps que je n'attends plus… que la surprise.

Combien de niveaux de détente vais-je découvrir ? Combien de musiciens vais-je entendre ?

Pénétrer cette transmission orale gardée secrète est un avantage surprenant et qui permet d'explorer notre part d'humilité. Pour découvrir tout cela, combien faut-il d'exercices personnels ? Combien de transmissions orales ? Combien d'erreurs ? Une succession d'artisans et d'apprentis bâtissant des cathédrales de bien-être.

L'apprenti devient peut-être un jour l'artisan. Mais il sait qu'il continuera toujours à chercher, à être surpris, et surtout à ne rien attendre.

Le mouvement

Du déclencheur-intention au mouvement, il y a l'espace-temps le plus réduit. Celui qui va directement à l'archi-pallium[7] sans passer par le raisonnement. C'est ce qui se passe dans les mouvements réflexes où le corps utilise les raccourcis qui permettent de rester en vie dans l'urgence. Plus le chemin est court, plus la réaction est rapide.

Retrouver ce réflexe à chaque mouvement et déployer la posture dans la lenteur d'une respiration calme. Oublier le raisonnement pour qu'il s'apaise. Rester en vie.

Commencer dans le centre de la terre, magma, incandescence.

Faire monter par un volcan personnel vers le pied d'appui.

Capter le Chi. Il monte vers le Tantien et le nourrit.

Transmission du Tantien vers la main opposée au pied d'appui.

Laisser sortir de la main vers l'infini.

C'est la dynamique Yang. Celle utilisée pour la frappe décisive dans l'art martial d'où est issue la posture.

Pas de Yang sans le Yin. Sinon... Rien.

La dynamique Yin compense, ajuste, soutient et frappe aussi dans le cas où plusieurs adversaires vous affrontent.

Yin et Yang puis inversion. Il n'y a pas de théorie, de hiérarchie ou de genre dans le Taï Ji Quan. Le Yin n'existe pas sans le Yang et inversement le Yang n'existe pas sans le Yin.

---

[7] Anciennement appelé « cerveau reptilien » inspirée de la théorie du cerveau triunique (un étage reptilien, un étage limbique et enfin le néocortex) développée par Paul D. MacLean en 1970,

J'approche maintenant chaque personne en découvrant leur part de l'un et de l'autre. Les changements qui s'opèrent dans les rencontres énergétiques. Leur moment d'inspiration Yang et d'expiration Yin. Ou l'inversion des tendances. Les rattrapages difficiles ou dérapages (in)contrôlés des équilibres.

Sans jugement. Des constatations. Ensuite, uniquement en cours de Taï Ji Quan, trouver le pivot qui déséquilibre et, stabiliser doucement par petites touches pour aborder la transformation intérieure que la personne va chercher et peut-être trouver. Ce n'est jamais un élément partiel. Il s'agit toujours de l'ensemble de la personne. La posture se modifiera par une nouvelle compréhension de son propre mental, de son anatomie, de sa respiration et de ses équilibres.

Les élèves sont souvent surpris d'une modification demandée. Une erreur de mouvement de bras par exemple, ne sera pas une remise en place du bras mais peut-être un pied d'appel erroné ou un rythme de respiration absent ou décalé.

Rien n'est sûr. Rien n'est acquis d'avance. Il avancera en se trompant, *rira... Recommencera* et sinon partira parce qu'il aura cru son singe fou, son égo... très persuasif.

L'intention

Rester en vie est le lien. L'intention de destruction du destructeur (art martial) pour rester en vie est remplacée par l'amour de la Vie qui est frémissement puis mouvement (Taï Ji Quan). Rester vivant. Il s'agit de la même présence à l'instant, de la même veille intérieure, d'une intention épurée, subtile, claire. Juste diriger ces « coups » vers l'infini. Tirer sa préparation de la source profonde de son Chi. Maintenir l'adéquation des contraires, du haut et du bas, du sombre et du clair, reconnaître qu'il y a rythme, cycle, « une fleur naît, puis les pétales tombent ». Tant que la Vie est là. Tant qu'Elle se renouvelle.

Je découvre quelque chose de naturel. Sans superficialité. Un centre qui est aussi un contour. Un tout indissociable sauf par un mental destructeur, âpre, sinueux. Regarde tes pensées et voit comme elles se fient à ses propres constructions toutes faites, fabriquées par ce qu'on lui a inculqué, associées à ses mémoires, celles qu'elle a choisi de conserver ou celles dont elle a choisi de se souvenir.

Redécouvre le regard sans jugement de l'enfant, le corps souple de la jeunesse, la respiration abdominale du bébé. L'entraînement n'est pas un retour vers la naïveté ou une pseudo jouvence. C'est l'association de son expérience et de l'absorption, en utilisant une nouvelle aptitude gagnée par l'ouverture, une nouvelle attitude aidée par la détente, une nouvelle intention centrée sur la nature joyeuse de la Vie.

C'est ce que je trouve là au fond de moi.

Me reviennent les rires que j'aimais déclencher chez ma sœur. Cette joie du rire et de la légèreté ne viennent pas de l'insouciance mais d'une prédisposition naturelle à la joie. Pour tous.

Je suis heureux de la retrouver. Intacte. Cette joie intérieure est là. Tout ce travail permet de puiser dans l'essence de la joie intérieure. Je comprends pourquoi il est écrit « le Taï Ji Quan est un surentraînement à la méditation »[8].

L'idée du grand puzzle qui se met en place fait son chemin. Je réalise les exercices, je fais de mon mieux dans le respect de mes possibilités. Je

---

[8] Yongey Mingyour Rinpotché, « Bonheur de la méditation »

comprends petit à petit que je ne fais que ce que j'ai cru comprendre avec les explications qu'on a pensé me donner. Les murs sont mes tensions mais aussi mes capacités à écouter. Ne pas se cogner contre les murs. Les toucher. Continuer les exercices : détente, respiration, mouvement. *Se tromper, rire. Se relever.*

J'approche aussi le fameux Wei Wu Wei. Traduction : agir sans agir ! Bon, franchement, ça ne veut rien dire !

C'est par la répétition de la pratique du Taï Ji Quan qu'apparaît non pas l'idée du Wei Wu Wei mais son expérimentation. L'approche du mouvement n'est plus seulement le déplacement musculaire d'un membre. Humm ! À écrire ce n'est pas évident…

Je tente une explication. Tout commence par la détente musculaire, si elle est bien menée, elle apporte la « détente » du mental. L'esprit s'apaise. Le voici rendu à l'état de méditation. Conscience éveillée, peu ou pas perturbée par l'agitation. Puis, expansion de la conscience à la globalité de ce que je suis. Réunification.

Donc tout l'être crée l'intention du mouvement (sans séparation entre corps, mental, émotion). La naissance du mouvement est l'intention puis (en milliardième de seconde) naît le mouvement de toute l'architecture du corps qui répond à cette sollicitation dans un corps-esprit entièrement disponible. Je garde la conscience globale qui dépasse les limites corporelles grâce au ressenti du Chi. Tout ceci, inscrit dans une répétition de cycles « naissance et mort », *une fleur naît* (puis) *les pétales tombent...* Un enchaînement du mouvement, de la respiration, des captations ou/et diffusions énergétiques.

Alors, un passant qui découvre le déroulement du Taï Ji Quan, freine son pas, s'arrête et regarde. Il voit l'invisible : L'action puissante du mouvement dans le calme conscient de l'exécutant.

Il voit le Wei Wu Wei. Cela accroche non pas le regard mais l'être profond. Au bout de quelques instants le singe fou du passant déforme le regard et l'oblige à revenir à des considérations plus « raisonnables ». Il restera cette impression de la vision de l'apaisement. Elle pourra le faire entrer un jour dans un cours de Taï Ji Quan.

Le singe fou

Considérée à priori comme une agression, le changement veut modifier les acquis du singe fou et celui-ci se rebiffe. « Quoi, moi qui ai implanté cet état de fait comme une pierre scellée, je devrais la détruire ou la déplacer ? » Le mental résiste pour cause de croyance perturbée.

C'est en fait cette résistance aux transformations qui nous blesse. Utiliser la souplesse du corps pour éviter, et la souplesse d'esprit pour se maintenir. Si nous revenons à l'art martial : chaque adversaire est différent aussi l'adaptation immédiate coule de source vis à vis du potentiel d'énergie à déployer, de l'intention émise, de l'ancrage dans la posture à utiliser. Elle ne souffre pas les tergiversations de l'ego.

Le Taï Ji Quan n'attend pas. Le pratiquant est un instantanéiste. Chaque arrêt est une mort annoncée, d'où la fluidité dans l'enchaînement des postures. Si vous observez un pratiquant expérimenté vous noterez que ses bras ne s'arrêtent (presque) jamais. Presque, car il y a toujours des exceptions.

Il me revient souvent en mémoire les souvenirs de jeunesse où je me passionnais pour les exercices d'art dramatique. Le travail de l'acteur peut être rapproché de la transformation qui s'opère chez un pratiquant de Taï Ji

Quan... Sur invitation du « *si magique* »[9] le comédien se transformera parce qu'il a appris à ôter les résistances du mental, du « ça ne se fait pas », et à accepter « *si* tu étais...» il deviendra instantanément méchant, maigre, femme, gros, homme, gentil, beau, petit, grand, un cheval, une cafetière… Il n'y a pas de limite car son travail lui a fait dépasser ses résistances mentales.

Nous ne ferons pas pleurer les futur(e)s actrices ou acteurs pour les « casser » et leur faire accepter ce qu'elles ne peuvent encore jouer comme on peut malheureusement le voir dans des cours d'art dramatique où l'ego de l'enseignant a pris beaucoup de place.

Le résultat d'ouverture et d'adaptation est un travail délicat qui commence par le choix de la bienveillance envers soi. La mise en route de la vigilance vis à vis de soi-même et des autres.

Calmer le singe fou par la vigilance, l'observation neutre.

Sourire lorsque surviennent les jugements tout fait.

Le travail de mise en place des postures requiert une grande concentration. L'esprit est occupé à comprendre l'origine martiale, dresser les diagonales d'énergie, mémoriser les mouvements, caler les respirations, découvrir les résistances à cette enchaînement.

La pratique en elle-même est débarrassée de tout ça. Le rythme de la respiration guide chaque posture, l'écoute du ressenti énergétique est global et l'apaisement est installé.

L'utilisation différente de son esprit au travail et aux pratiques le rend plus souple et enclin à trouver les adaptations. Petit à petit, il se débarrasse de ce (ceux) qui le freine.

---

[9] Constantin Stanislavski – La formation de l'acteur page 152

Au début, la première résistance est physique, les jambes légèrement fléchies travaillent seules et il faudra beaucoup de séances et de relaxations avant d'entrer dans une compréhension plus globale qui suggère d'utiliser toute l'architecture du corps.

Mais même si les flux énergétiques sont freinés par des positions incomplètes, la force des postures renforcera tout de même le Tantien et le ressenti du Chi sera net. D'abord dans les mains, puis dans le reste du corps.

C'est par petites touches que la conscience globale fera son apparition. D'abord un instant de grâce. Puis quelques-uns, puis d'autres. Ensuite, plus tard, des instants plus longs.

Ne pas s'attendre à retrouver ces mêmes instants aux mêmes moments. Ne rien attendre.

Tu ne fais pas du Taï Ji Quan. Le Taï Ji Quan se fait en toi.

Le singe devient moins fou car la conscience présente le dissipe. L'esprit revient à ce qu'il doit faire : la logistique, la créativité, l'amour, la banque de données.

Le Taï Ji Quan se fait en toi

Cet aphorisme est assez difficile à comprendre pour un esprit cartésien. Mais finalement peut-être pas plus difficile à comprendre que « je m'éclate ! ». Ce terme à une signification comprise à ce jour comme un plaisir fort, il n'aurait rien voulu dire il y a un siècle et ne signifiera peut-être plus rien dans quelques années.

Il existe donc un contexte aux expressions. La formation au Taï Ji Quan de la Voie Intérieure permet de créer le contexte par l'expression orale de l'enseignant qui a acquis la pensée ancestrale et qui la garde en mémoire pour l'adapter à la compréhension actuelle. Mais la voix va s'arrêter au profit des actes : la répétition des techniques proposées par des chemins différents qui comme un grand puzzle vont s'assembler pour exprimer un résultat tangible. Cette série d'amalgames, de compositions surgit parfois pendant une pratique. C'est ce moment de grâce vu au chapitre précédent.

Un jour, le poignet se soulève « tout seul ». L'impression est étrange car le singe fou nous tire par la manche pour nous demander ce qu'il se passe ? … Presque rien, le Taï Ji Quan s'est fait en toi. Tu as su créer le contexte. Créer ! Ne pas répéter. Il s'agit d'un acte de création. La main sur ton pinceau a trouvé le rythme de la pure expression. La main Taïchi est venue car tu es Taïchi. Je n'écris pas ton corps est Taïchi, ou ton âme, ou tes yeux sont Taïchi. Tu es globalement Taïchi et tu réalises la « méditation en mouvement ».

Ne pas tenter de répéter la même chose, car la véritable conscience globale a déjà disparu cachée par le singe fou qui veut « s'éclater » à nouveau...

Le phénomène devient doucement commun mais le ressenti exceptionnel. Et on regarde ceux qui découvrent cela... avec un sourire intérieur.

Tu reconnais la part de création totale et la part de répétition insufflée par le mental.

Et un jour, tu es absorbé(e) par cet instant qui s'est prolongé. C'est encore le singe fou qui réclame sa part de conscience et qui te ramène à sa réalité.

Tu comprends alors que ce singe fou demande au même titre que ton foie ou ton cœur sa part de bienveillance. Tu n'as pas d'ennemis en toi. Le singe fou est toi. Tu réalises l'amitié avec toi-même. Ce choix par les mots devient une réalité concrète.

En te posant, tu comprends que tu peux parfois renoncer à comprendre. Juste vivre l'instant.

L'essence de la vie

Suivre la transmission orale de maître à élève.

Cette transmission est basée sur l'essence de la vie. Le contenu est constitué de recherches multimillénaires sur des corps sains, sur des esprits sereins. Chaque découverte approuvée est transmise oralement car le maître sait quoi dire et à quel moment.

Cette recherche ne s'arrête pas mais elle est plus difficile maintenant. Les corps sont soumis à des contraintes physiques, morales, émotionnelles, lumineuses, bruyantes, vertigineuses. Les esprits sont envahis par la superficialité, le bruit des véhicules, les bruits de l'humain, la lumière des écrans, les musiques ininterrompues. Courir dans la nature ou dans la rue… avec un casque sur les oreilles ! En respirant quel air ?

Quelle écoute peut-on avoir de son corps en regardant les histogrammes captés par son smartphone dont le programme suce les déplacements pour vite les revendre ? Et gave votre désir de performance, de dépassement. Être plus ? Adrénaline gratuite ?

J'utilise aussi la technologie et elle m'aide souvent. Mais elle est comme le singe fou (fabriquée par lui) elle ne demande qu'à tout envahir, l'utile, l'inutile et absorbe tout en endormant la vigilance.

C'est cette vigilance qui nous aide à surveiller les zigzags du mental, à obtenir le calme profond et l'écoute de l'essence de la vie.

Essentiel. Stable. Permanent dans notre vie. Là au fond du ventre. Il palpite avant chaque inspiration. Régénère la globalité de l'être. Centre de puissance énergétique. Tantien.

L'océan de calme nous fait accéder à l'essence de la vie. Relation indispensable à soi et à la nature.

Car le Taï Ji Quan est naturel. Je découvre que la position de base dite «Posture du Cavalier» est particulièrement stable et confortable dans un corps détendu. Le Chi monte et circule sans freins.

- Pieds écartés de la largeur des épaules, légèrement positionnés sur la partie extérieure de la plante.
- Toutes les articulations relâchées.
- Bascule du bassin en laissant descendre les fesses et en remontant un peu le pubis.
- Toute la partie au-dessus du Tantien, détendue, visage et bras compris.
- Bout de la langue contre le palais supérieur.
- Tête simplement déposée sur la colonne vertébrale, doucement aspirée en son centre vers le ciel.
- Les paumes des mains regardent en arrière.
- Les bras s'écartent un peu du corps.

Cette base n'est pas une position enregistrée que l'on ressort d'un fichier. Elle est une création du moment, elle correspond à votre état d'être maintenant. A votre équilibre. C'est une adaptation à l'impermanence des changements de situation. Qu'êtes-vous aujourd'hui ? Comment vous sentez-vous ?

Vous êtes alors la résultante de votre nuit, de votre journée, de votre stress. N'attendez pas de résultats. Vivez ce moment unique et fondez-vous dans le milieu s'il est naturel ou imaginez la forêt autour de vous.

Puis commencera... la fin : l'expiration qui est le ouf, le lâcher-prise. Lorsque les expirations seront faciles, les inspirations pourront profiter de l'expansion admise par vos muscles reposés. Vous rentrez dans la phase d'augmentation du Chi. Vos mains en seront sans doute les premières informées. N'en restez pas là. Ne vous laissez pas trop absorber par les mains qui sont tellement innervées, élargissez votre perception. Élargissez votre regard (intérieur et extérieur). Le regard Taïchi.

La respiration a suscité votre premier mouvement, pas uniquement la cage thoracique mais tout votre corps perçoit les flux sanguins, les battements du cœur. Puis cette envie, ce besoin fondamental du mouvement.

Les postures

Ce besoin est fondamental car nous sommes le mouvement. La position de bipède ne nous fait pas que du bien, par exemple les femmes ont plus de mal à accoucher depuis ce redressement[10]. Mais l'utilisation des jambes pour se déplacer libère les membres supérieurs, rend disponibles nos mains qui sont devenues des outils affûtés, qui maintenant peuvent éventuellement commencer à s'atrophier car nous avons moins de bois à couper, moins de

[10] Il y a environ 3,5 millions d'années l'Homme s'est redressé pour devenir bipède. Le bassin a basculé vers l'avant ce qui a rendu la traversée du canal de naissance plus compliquée pour le fœtus. Son volume crânien (doublé en 2 millions d'années) rend son passage dans le canal de naissance plus difficile (source : sciences et vie).

flèches à tailler, moins de montres à assembler, moins d'arrondis à former pour écrire.

Profitons encore de leurs sens aigus.

Mains éveillées. C'est à dire détendues et vivantes. Elles captent parce que détendues. Elles tireront les fils de Chi de la terre, monteront au ciel et tisseront les liens avec le vivant.

Comme nous l'avons vue, la mise en mouvement est obtenue par l'intention.

Au Taï Ji Quan, chaque posture représente la réponse à une attaque. Ce qui autorise la réponse est la veille, qui est un état de conscience dans lequel chaque sens est à l'affût, ce qui vous demande une disponibilité totale.

A ce stade, vous pouvez vous demander à quoi on joue puisqu'il n'y a pas d'attaquant et que nous avons plutôt des personnes sympathiques dans notre lieu de cours ?

Eh bien oui ! On joue. Mais on joue comme des enfants, on y croit à fond, on a notre souplesse d'enfant, nos rires, nos erreurs. Et on joue heureux, on combat dans le bonheur, on ne meurt jamais et on gagne dans la joie !

La disponibilité est une des sources de la « méditation en mouvement ». Calme, présence constante, pas de peur, pas d'angoisse, déroulement d'un combat de silence, réalisation d'actions justes, équilibrées, ancrage à la terre, connexions à toutes les énergies. Les mains les caressent pour sentir l'union des flux de Chi, déceler les puissances autour de soi, toucher tout ce qui alimente notre vie, sentir la Vie.

Et cela devient un grand moment de méditation.

La veille permet d'entendre l'adversaire avant de le voir, le regard global de le voir sans tourner la tête, les sens, de frissonner avant d'être touché.

Les deux premiers mouvements de centrage et de relation aux éléments :

Une jambe s'ouvre, les bras s'écartent légèrement, puis les poignets emportent les mains vers le ciel, c'est la formation des « gueules de tigres », les mains très détendues s'éveillent, tout peut commencer, elles redescendent déjà porteuses de Chi.

Alors le regard se tourne car le premier adversaire surgit. Ici, une rapide évaluation déclenchera soit la poursuite du combat, soit l'esquive, soit la fuite. L'archi-pallium a décidé avant une quelconque tergiversation du singe fou qui est désormais bien calme.

Ce moment d'intention est « à jouer » à fond. Vous ne joueriez pas longtemps à un jeu au cours duquel vous êtes sûr(e) de gagner. La mise en condition, le déroulement du jeu, la lecture de l'aventure est constante, comme ce livre ou cette série que vous relisez ou revoyez si souvent. Mais cela ne vous a pris qu'une fraction de seconde. Vous pouvez maintenant vous occuper de votre adversaire.

Premier combat

Vous avez décidé de combattre, vous savez donc que vous avez toutes les chances de gagner, sinon vous auriez esquivé ou vous seriez parti en courant.

Le film se déroule au ralenti. Vous avez tout le temps de vous préparer. De trouver l'angle de réponse, de façon à utiliser tout votre potentiel. Vous l'avez vu arriver à votre gauche… la première frappe pour arrêter cet adversaire sera donc de la droite vers la gauche. Ainsi je place l'angle d'attaque vers la droite. La frappe se fera avec la main gauche, donc je renforce la diagonale qui vient du pied droit.

Pour aller vers le pied droit, je pousse dans mon pied gauche ce qui dynamise l'autre diagonale, la Yin, celle qui va vers la main droite. Je déplace mon poids sur le pied droit, ancrage, renforcement de la dynamique Yang de frappe :

1 - Retour au centre de la terre. Pomper le Chi par la plante du pied droit pour créer la puissance pied-Tantien-main (gauche). Accumulation du Chi pendant toute la préparation par l'expansion de Chi entre les deux mains, donc inspirer en retrouvant ce qu'on a appris dans les exercices au sol.

2 - En arrivant à la fin de l'inspiration, c'est le point culminant des forces énergétiques. Ouvrir la jambe sans tourner le bassin dans le calme profond. Le ressort est remonté.

3 – Expiration, la frappe est lancée, imparable. La globalité de l'être s'engouffre dans la survie. Le bassin est lâché avec toute la puissance accumulée. Pas tout à fait toute. C'est déjà un retour au Tantien, toujours pour la survie, car d'autres adversaires arrivent...

Les postures s'enchaînent, adversaire après adversaire. Des attaques dans tous les sens et des ripostes ou des esquives dans tous les sens.

Le rythme de la respiration donnera le tempo de déroulement. Les enseignants augmentent leur rythme de respiration pour ne pas asphyxier les élèves.

Il faut le temps de trouver la détente et le calme intérieur pour accéder à l'ouverture des alvéoles pulmonaires restées longtemps fermées. Avec bienveillance, augmenter doucement le volume de l'inspiration et trouver l'acceptation là où les tensions ont cédé.

L'écoute globale s'installe. Les détails des techniques s'estompent. Le corps a compris et le singe fou dort.

Le Taï Ji Quan prend ta place. Il est toi. Tu le regardes faire. De temps en temps, le singe fou ouvre un œil et tu redeviens le pratiquant de Taïchi. Mais la précision des postures est telle que le calme revient et tu découvres ces moments de grâce que tu ne peux décrire que lorsque le singe fou s'est réveillé.

Tu comprends mieux les aphorismes. Être ancré et léger ; concentré et ouvert ; dressé et souple ; agir sans agir ; mimer un combat et aimer l'univers, etc.

Trouver le centre

Je pensais en sortant de l'adolescence qu'il pouvait y avoir un équilibre dans la vie. Peut-être parce que j'étais à l'âge où cet équilibre est précaire. L'idée de centre m'est venue et ne m'a pas quitté. J'ai traversé quelques décennies, du théâtre à l'informatique en passant par la musique et le tir à l'arc. J'ai traversé de fortes passions, mais toujours avec l'objectif de trouver le point d'équilibre. Je l'ai attrapé quelques fois. Comme on peut « attraper » l'eau…

Et je lis :

Il n'y a rien dans le monde
de plus souple et plus faible que l'eau ;
mais pour attaquer ce qui est dur et fort,
il n'y a rien qui la surpasse.[11]

Deviens comme l'eau et tu survivras. Les enseignants vous rappelleront que le corps est constitué de liquide pour environ 75 %. L'écoute intérieure va

---

[11] Lao Tseu - Tao Te King - LXXVIII

nous permettre de sentir les ondes reçues par ses « eaux » intérieures à chaque battement de cœur, à chaque pulsion de vie. Les enseignants vous renseignent, les enseignements se vivent dans l'expérimentation, en allant du pas-assez vers le trop. Recommencez. Ratez le point d'équilibre. *Et souriez, relevez-vous, recommencez...*

Quelques temps plus tard, voici ce que je lis :

La souplesse surmonte n'importe quelle puissance qui semble la dominer. Sa force est imperceptible. Puis vient le moment où la force d'agression atteint sa limite et commence à décliner.

Qu'est-ce que l'adaptation ? Elle est comme la simultanéité de l'ombre qui s'ajuste aux mouvements du corps. Quelle est la forme la plus avantageuse de l'adaptabilité ? C'est l'eau vive. Qu'est-ce que la souplesse ? C'est un ruisseau bondissant. Si quelqu'un cherche à le bloquer, le ruisseau bondira simplement plus haut.[12]

Dans cette adaptabilité, cette souplesse, il y a un retour au centre. Ce point détermine chaque instant de vie. Pensée, décision, intention, mouvement. Chaque goutte de ton eau porte l'écoulement fluide de la paix intérieure si ta conscience présente est centrée.

Je découvre que ce centre existe, il a même été trouvé depuis si longtemps et il porte un nom, le *Tantien*.

---

12 Bruce Lee – Le Tao du Gung Fu – Bruce Lee. Textes regroupés par John Little, Page 71.

Le Tantien

On peut demander de détendre la main, le ventre. De serrer un poing, de travailler les abdos, mais l'approche du Tantien comporte un problème difficile : Aucune description médicale du corps ne montre le Tantien, aucune coupe anatomique ne place le Tantien.

Ainsi commence la traversée. Il faudra bien convenir d'une première abstraction du connu pour naviguer en terres inconnues. C'est comme ça qu'on découvre les Amériques quand on cherche les Indes.

Au début, on peut utiliser l'imagination, et c'est parfois plus simple mais sujet à un doute sur la réalité du travail. Dans notre École de l'Art du Chi Méthode Stévanovitch, nous travaillons directement sur le ressenti physique de cette boule dans le bas-ventre. Pour obtenir des réponses à nos investigations corporelles, on a besoin de détente et du déplacement de la conscience dans le corps. L'état d'être intégral est rare parmi les élèves, mais aussi chez les enseignants. Aussi nous allons commencer par allier l'imagination et les muscles pour « attraper » cette boule qui glisse sur les pentes de notre perception balbutiante.

Assis. D'abord la détente. Placer le bout des doigts entre le pubis et le nombril et enfoncer les doigts dans un ventre souple, tousser très fort en déplaçant les doigts pour chercher l'endroit exact où le ventre les repoussent fort. Ça y est ! Et bien ce n'est pas encore le Tantien mais le repère avant qui est juste en face de lui, à la même hauteur. Bon, notre GPS commence à localiser ce que nous cherchons. Essayons maintenant sans tousser, puis sans les doigts.

Nous avons donc réussi à utiliser nos abdominaux pour reconstituer le mouvement issu de la toux. Tentons maintenant de définir l'endroit à partir duquel la poussée est venue dans le ventre-bas. Là, souvent, c'est le flou. Cela va demander quelques semaines, mois, années avant d'avoir obtenu assez de détente pour clarifier l'espace abdominal « subombilical » (sous le nombril) et véritablement sentir physiquement le Tantien.

Les exercices se succèdent. Toujours la relaxation et la relation apaisée à soi. Clarifier l'eau boueuse en calmant le singe fou. Obtenir une eau de roche. Puis recommencer à pousser vers l'avant, l'arrière, les côtés…

Les exercices sont nombreux et assez variés. Souvent musculaires. Lorsque les chemins musculaires ont été défrichés, le chemin de recherche peut être simplement dans le déplacement conscient dans le corps. Nous nous y serons préparés pendant les relaxations. Les alternances des méthodes permettent d'explorer des chemins inattendus. Et au bout de chaque chemin prendre les instants d'écoute des résultats dans la clairière qui nous attendait.

Ça commence assez souvent par: rien, ou bien des ressentis de chaleur dans les mains, la poitrine ou le visage. On recommence, peut-être par d'autres voies.

Et puis les premiers ressentis arrivent. Une découverte qui ensuite s'évanouit. Plus rien. Surgit une nouvelle sensation. Peu stable, puis plus présente...

Lors de mes premières années en tant qu'enseignant, j'aimais raconter l'histoire légendaire de ces deux hommes qui désirent déplacer la montagne. Le premier prend une pioche et creuse toute la journée pour finir épuisé et triste du peu de résultat, s'arrête quelques temps avant de recommencer, mécontent. Le deuxième gratte avec son ongle chaque matin, très tôt et crée un petit tas qu'il déplace plus loin. Qui croyez-vous aura finalement déplacé la montagne ?

Nous sommes comme cette deuxième personne. Nous grattons un peu la montagne de savoir qui nous est transmise pour constituer notre petit tas qui grandira si le lendemain nous continuons à gratter.

Je me suis arrêté de raconter cette légende aux élèves débutants car si elle me parle profondément, elle peut décourager beaucoup à une époque où il suffit d'avoir la bonne « appli » pour géo localiser un restaurant ou pratiquer la méditation voire le Taïchi (en regardant un film sans la présence de l'enseignant).

Les cours se succèdent, les stages se poursuivent. Et puis…

Nous étions partis pour une semaine de stage de l'Art du Chi en compagnie de Pierre notre enseignant. Avec ma compagne enseignante de la même École nous avions trouvé un petit logement dans une cabane entièrement en bois. Nous y revenions le soir, discuter de notre parcours de la journée, noter les axes de travail que nous pourrions réutiliser et... nous reposer.

Je me réveille en pleine nuit avec une parfaite sensation du Tantien. J'étais à la fois sans surprise réelle et stupéfait de la précision de mon ressenti. J'imprimais en moi ce moment car, d'expérience je savais que cela arrivait rarement et peut-être ne m'arriverait plus.

Mais cette présence si forte a profondément marqué mon apprentissage. L'artisanat du Chi propose ces instants de pures merveilles. Des moments qu'il est difficile de décrire car les mots sont loin des sensations.

Lors d'une interview Vlady Stévanovitch a prononcé cette phrase qui a retenu toute mon attention :

« *Les sens réduisent la réalité à ce qui est perceptible,*

le discours réduit ce qui est perceptible à ce qui est exprimable. ».

J'étais surpris d'entendre une phrase d'une telle portée dans une simple réponse à son interlocutrice.

En décrivant mon expérience « Tantienienne », j'ai donc tenté d'exprimer avec les limitations de mon *discours*, une réalité limitée par mes *sens*.

Les sens

Notre odorat est bien moins sensible que celui d'un chien, notre vue moins performante que celle d'un aigle. Notre ouïe moins développée que celle d'un bébé ou d'un chat. Nous pourrions créer une longue liste de nos limitations sensorielles simplement en référence aux domaines connus...

Ceci étant établi, nous ne pouvons nous fier qu'à nos sens. Mais nous connaissons leur limite.

D'autre part, nous ne voyons pas voyager l'électricité, ni les ondes sonores, téléphoniques ou wifi, pourtant elles parviennent jusqu'à nous.

Nous vivons bien en permanence dans une réalité atrophiée. Cette réduction est simplement à intégrer. Il est opportun d'accepter que d'autres soient gênés par les ondes magnétiques, que certains détectent la profondeur de l'eau sous la terre pour creuser un puits et que d'autres encore vous guérissent par imposition des mains ou même à distance. Ceci est notre monde. Une réalité apparente diminuée par ce que nos sens détectent, et de temps en temps observer la révélation d'autres réalités.

Une chance encore que certains aient détecté, approché, travaillé, affiné le Chi, en aient fait une médecine ou aient trouvé ses bienfaits à travers des mouvements centrés et conscients.

J'ai assez souvent dans mes cours, de ces êtres qui ont découvert leur deuxième réalité parfois incidemment. Ils viennent chercher les réponses aux nombreuses questions qu'ils se sont posés. Ils ont parfois subi des regards curieux ou douteux et sont parfois désignés comme magnétiseur, médium, sourcier ou sorciers. Ne vous fiez pas au masculin, la majorité sont des femmes.

Il m'est arrivé une fois de découvrir avec l'élève son don pour le ressenti du Chi. Il vient me voir à la fin du cours car il n'avait pas osé exprimer sa perception exacte des méridiens le long d'un bras par sa main opposée. Avec un tel don, je lui ai proposé la Voie de la Médecine Traditionnelle Chinoise. Il s'est totalement engagé dans ce travail difficile. Quelques années plus tard, il avait laissé son ancien métier et nous nous sommes retrouvés avec joie... dans son cabinet de consultation !

L'utilisation de ses sens sans limitation intellectuelle demande une ouverture totale à ce qui peut arriver. Il nous faut donc marcher en confiance sur un chemin dont nous ne voyons pas le bout. Marcher en veille pour déceler que ce chemin n'est pas le bon et qu'il faut changer. Utiliser la marche Taïchi : Effleurer le sol de la plante du pied et ne déposer son poids qu'après s'être assuré que la terre peut nous accueillir.

Nous retrouvons ici le contact avec la joie profonde. J'écoute les sensations de l'endroit où je pose le pied, de l'accueil que je reçois, et si je garde la paix en moi, si le sourire intérieur reste présent, je peux y déposer mon corps et tenter un autre pas.

Cela demande une présence de chaque instant. Souvent les erreurs viennent d'une déconnexion avec l'être profond. Le singe fou vous a fait croire que la couche superficielle, celle que les autres voient, sera suffisante.

Il n'en est rien, un jour ou l'autre le véritable Tantien réclamera sa part de vérité. Vous serez à ce moment-là en face de vous même.

L'écoute du Chi fait partie de notre possibilité de sentir ce qui se passe au fond parce que la connexion est directe au Tantien.

La pratique du Taï Ji Quan inclut cette connexion au Chi, à la vérité. Parfois les mains regardent la terre, ou le ciel, ou encore autour de nous... c'est la connexion au vivant, tout ce qui vit autour de nous, herbe, arbres, humains, animaux etc.

Bien observer le moment du début de la pratique où celui ou celle qui va mener s'installe pieds serrés. Il n'est peut-être pas dans votre axe, il s'est légèrement tourné ou il s'est vraiment déplacé, suivez-le, replacez-vous. Ne vous fiez jamais à une habitude. Le Taï Ji Quan demande lors de la préparation une ouverture à la sensation physique. L'enseignant s'est centré, a écouté l'ensemble de son être, n'êtes-vous pas encore en train de discuter avec votre voisin ? Respectez ce moment qui n'est pas solennel mais qui vous invite à faire de même. Centrage. Votre enseignant n'a pas encore bougé et pourtant tout a déjà commencé, si vous l'observez, vous décèlerez le mouvement principal, celui de la respiration ample, l'inspiration que tout le corps absorbe et l'expiration que tout le corps rejette. Retrouvez l'amplitude de la respiration, l'état global de présence, discernez l'axe exact du début des postures car votre Terre intérieure va tourner autour, installez dès que possible tous les éléments de la « petite circulation énergétique » décrite un peu plus loin dans ce livre.

C'est le moment maintenant. Pas quand le premier mouvement aura commencé. Ne courez pas dans votre tête si vos pieds marchent lentement. Laissez *l'harmonie* s'installer. Vous avez peu de temps, entraînez-vous à cela.

2. Artisans du Chi, vous intégrez un monde vivant

Libérer le corps de l'emprise de la raison. [...] Confondre le mental et le physique. Cette distinction est artificielle. Il n'y a ni du mental ni du physique. Il n'y a que du vivant.[13]

13 V. Stevanovitch, Explorateur du monde intérieur, page 55

Harmonie

Lorsque la Vie assouvit l'être, on peut entrevoir de l'eau de joie qui coule sur les joues.

Non, vous n'allez pas harmoniser.

Si l'harmonie s'installe, ce n'est pas parce que vous lisez votre partition correctement. C'est parce que vous la connaissez par cœur, que vous jouez avec votre cœur, que vous êtes rentré(e) entièrement dans l'expression musicale des sentiments et que vous avez votre place dans l'orchestre au même titre que les autres.

Vous ne répétez pas, vous ne recréez pas.

Vous « créez » une œuvre écrite il y a longtemps.

Au Taï Ji Quan, votre instrument est votre être total. Vous allez « créer » une série de postures qui est en mouvement depuis longtemps. Vous allez vous glisser dans ce monde du Chi avec attention et délicatesse. *Vous intégrez un monde vivant*, soyez aussi circonspect que les autres éléments de ce monde.

L'harmonie s'installera dans un assemblage de tout ce qui vit autour de vous. Ce que vous voyez et ce qui n'apparaît pas.

C'est ainsi que nous sommes dans la « méditation en mouvement ». Totalement présents. Reliés à l'essence de la vie.

Les pratiquants expérimentés de Taï Ji Quan observeront le regard et les mains. Eux en premier montrent la présence et l'ouverture. Celui qui fait semblant, même de temps en temps sera détecté rapidement.

Aussi belle sera la danse, le regard verra la vérité. Aussi belle sera la posture, l'intégrité ne fera pas toujours surface.

La technique

La technique est basée sur un long travail qui sera agrémenté d'exercices divers. La mise en place de la petite circulation énergétique est un but à atteindre en expérimentant plusieurs étapes.

J'ai parfois entendu dès le début de la deuxième année que l'élève connaissait la petite circulation. Il l'a connaît sans doute de façon intellectuelle parce qu'on l'a abordée techniquement pendant la première année. Il est difficile de croire que cette personne dont le singe fou est si présent puisse descendre dans la profondeur de cette technique. En tout cas son Taïchi ne le montrait pas. Et il estimait qu'il en savait assez au bout de deux ans...

La détente

La première étape est cette connaissance de soi qui permet de déceler à un moment précis quels sont les muscles trop tendus. La première expérience utilise la promenade intérieure, celle qui est une découverte du jardin du corps.

Puis, un exercice pourra se focaliser sur le ventre en utilisant des automassages. D'autres sur la ceinture scapulaire dans le but de détendre les épaules, un autre encore sur l'appareil phonateur pour chercher plus subtilement où se trouvent les échos du singe fou qui provoquent des micromouvements détectables après avoir atteint une respectable profondeur de détente.

Chaque partie du corps a son lot d'exercices avec des approches différentes et parfois inverses. Cela déclenche l'ouverture au ressenti par la surprise du trajet de l'étude. L'École nous propose de puiser dans un vaste répertoire de techniques. J'aime voir en fin d'exercice ces visages qui ont découvert une nouvelle sensation ou une densité particulière du Chi. Ils reflètent le résultat d'un travail minutieux et je vois dans leur expression celle que je dois sans doute montrer.

Les promenades suivantes laisseront entrevoir des chemins nouveaux. Vous ne direz plus « je sais ». Vous serez devenu cet artisan du Chi qui découvre encore.

Cette recherche est un bonheur. Trouver son centre apaisé nous relie à un espace personnel de vie qu'on ne soupçonne pas et qui est en fait toujours là. On peut s'y référer à tout moment. Dans les beaux moments comme dans ceux plus difficiles.

La Vie est là, au centre, palpitante.

Travail musculaire dans le ventre bas

Nous parlions dans un chapitre précédent de la poussée depuis le Tantien vers le repère avant. Ces exercices musculaires vont permettre de mieux connaître le parcours de l'énergie. Nous ferons souvent le lien entre la partie purement musculaire et le résultat qui ne sera qu'énergie. Bien évidemment, nous découvrons que dans son corps rien n'est tout muscle, tout esprit ou tout Chi. Tout est dans tout.

A force d'exécuter ces poussées musculaires vers l'avant, puis l'arrière, et à droite à gauche, vers le bas vers le haut, nous affinons notre rapport au bas-ventre. Il s'agit parfois de se l'approprier ou se le réapproprier. J'entends souvent qu'il y a un manque de clarté dans le ressenti.

Nous allons passer par le mouvement musculaire pour reprendre la possession de cette partie du corps. Elle a été effacée par... une répulsion, une douleur, un déni, un refus, un tabou, une violence, un renoncement ?

Une partie importante de ce travail se situe au niveau du périnée. Remuscler cette zone donne des bénéfices de santé certains si je m'en réfère aux médecins qui font partie de l'Art du Chi Méthode Stévanovitch. Mais la tonicité du plancher pelvien viendra là aussi par l'exploration de ses possibilités de détente et par la finesse du travail que l'on ne peut mettre en œuvre qu'après de nombreux exercices différents.

Après ces approfondissements, la réalité du Tantien sera perceptible plus finement. L'utilisation de la puissance intérieure sera facilitée. Laisser descendre sa perception au Tantien, correspond à un centrage qui apparaît clairement dans la pratique du Taï Ji Quan. La respiration sera alors abdominale et correspondra à une réaction plus primale, donc dépourvue des affects du cours de la vie. Par ces exercices, nous retrouvons la toute première inspiration et le premier cri de l'expiration.

Ne soyez pas pressée. Au fur et à mesure du travail, nous affinons la force musculaire, nous augmentons la précision sur les repères. Ceux-ci de corporels deviennent dans un premier temps énergétiques. Plus tard ils seront en fait les deux et nous aurons sous nos sens la globalité de ce que nous sommes.

Amplitude de la respiration

Une partie des exercices va nous permettre d'obtenir un remplissage important des poumons. Bien sûr il s'agit avant tout d'utiliser la détente qui est maintenant plus facile à sentir pour envisager de remplir toutes les zones de cet organe. Le lien va se faire avec le travail précédent sur le bas-ventre puisque celui-ci va permettre de remplir les lobes inférieurs des poumons.

Par la conscience mise à disposition de chaque travail, le corps conclura à la finalité recherchée. Ici les exercices autour du Tantien vont « faire descendre » l'intention et permettre d'emmagasiner l'air dans la partie la plus basse de la cage thoracique.

Nous n'aurons plus qu'à déployer cette intention en lui faisant parcourir les zones abdominale, puis costale, sternale et sous claviculaire. Comme l'intention est liée à notre utilisation du mental et à nos sens, nous augmenterons les effets de cet exercice par le même travail sur la partie arrière, puis sur les côtés du corps.

Pour rendre plus efficace cet exercice, allongez-vous et placez les mains sur la zone du bas-ventre sans appuyer, le poids des mains suffira pour sentir si les muscles répondent au bon endroit. Répéter plusieurs fois le dégonflement et le gonflement juste sous les mains, sans forcer.

Puis déplacer les mains sur les basses côtes (sous la poitrine) pour orienter maintenant la respiration dans cette zone. Puis au niveau du milieu du sternum sur la poitrine, et encore au-dessus dans l'espace sous claviculaire. Bien sûr, toujours commencer par l'expiration !

Ensuite s'asseoir et recommencer au bas-ventre en ajoutant la même zone à l'arrière du corps. Puis montez en ajoutant la partie arrière. Pour ces respirations dans le dos, vous pouvez les réaliser debout avec une autre personne qui placera ses mains sur les zones correspondantes.

Nous avons travaillé l'avant et l'arrière, nous pouvons maintenant augmenter encore l'amplitude en ajoutant les côtés droit et gauche. Attention, ne pas forcer ! L'amplitude se gagne toujours grâce à la détente de l'expiration.

Une vérification médicale m'a permis de constater que le volume d'utilisation de mes poumons était très largement supérieur à la moyenne. Le médecin constatait avec moi l'influence des exercices sur la bonne utilisation de cet organe.

La verticalité

Cette amplitude de la respiration ne peut trouver sa place dans un tronc fermé. En alliant la détente et le renforcement autour du Tantien, nous chercherons à redresser doucement le corps par la respiration pour ne pas s'engouffrer dans les erreurs du « Tiens-toi droit ! » entendu peut-être de la bouche de nos parents et exécuté dans la peine. Nous allons trouver par une approche de bienveillance et de recherches expérimentales cette position verticale sans efforts.

Devenez un ballon qui se gonfle de bas en haut et qui à l'expiration vient s'installer sur un Tantien puissant. Ajouter un peu de renforcement de la ceinture abdominale en la resserrant sur le Tantien, uniquement autour du Tantien. Cet acte musculaire va tenir le mât intérieur. Il est planté dans le Tantien, sa hauteur sera toujours un peu plus grande que le haut de votre tête, vous n'avez plus qu'à étirer légèrement toute votre colonne vertébrale pour installer le haut du crâne dessus. A cet instant, sentir la pression qui s'exerce sur le Tantien. C'est lui qui réagit et qui réalise le soutien.

Nous nous aidons donc d'une représentation intérieure qui permet de trouver un ressenti alliant une force physique centrée et une détente globale. Cette attitude va jouer un rôle dans l'amplification de la capacité respiratoire, dans le relâchement sans effondrement au moment de l'expiration, dans le retour conscient au Tantien.

Les effets énergétiques sont multiples :

- L'augmentation du volume respiratoire liée à la détente augmentera les volumes des flux d'énergie dans tout le corps renforçant les parties du corps affaiblies ;
- Le resserrement physique sur le Tantien à l'expiration régénérera le centre énergétique, ramènera la conscience au centre et engendrera un retour du Chi au Tantien ;
- La redescente du Chi au Tantien évite l'accumulation de Chi dans des zones déjà saturées.

Par l'augmentation du potentiel énergétique nous influençons les circuits du Chi et par le déplacement de la conscience nous équilibrons les flux.

Cette technique ouvre la voie à un ressenti nouveau du bien-être qui n'est pas lié à la satisfaction d'un besoin immédiat mais qui répond à une attente de toujours, celle du bonheur de la paix intérieure dans le présent. On appelle ça aussi « la méditation ».

Lorsque cette respiration a pris sa place, nous pouvons maintenant approcher la petite circulation énergétique.

La petite circulation énergétique

Conduire le Chi ? Contentons-nous de le suivre dans un premier temps… Pendant une respiration entière, nous empruntons le premier chemin, celui de l'inspiration qui débute au Tantien, passe par l'arrière corps et monte jusqu'en haut de la tête. Pour l'expiration, suivre le chemin du haut de la tête par l'avant du corps jusqu'au Tantien.

Je ne décrirai pas tout le processus qui ne peut être appris qu'auprès de votre enseignant, pas à pas, après avoir en douceur passé tous les obstacles.

Nous découpons la respiration en quatre temps.

Le premier est celui de l'apnée de fin d'expiration. Cette apnée est « l'océan de calme » dont je vous ai parlé, un moment profond et serein. Nous déclencherons une toute petite inspiration rapide en mettant en œuvre des muscles internes sur l'avant du bas-ventre que nous aurons précisément senti par la répétition des exercices. Puis nous laisserons le Chi passer par le périnée en utilisant une autre série de muscles eux aussi longuement travaillés, précisés et maîtrisés.

Le deuxième temps est celui de la grande inspiration. Nous associons l'amplitude respiratoire gagnée par le non-travail, la justesse des muscles utilisés au bas-ventre et la conscience du cheminement du Chi à fleur de peau depuis le centre du périnée jusqu'à la base de la septième cervicale.

Le troisième temps est celui de l'apnée de fin d'inspiration. Nous suivons le cheminement du Chi depuis la base de la septième cervicale jusqu'au haut de la tête. Ce point culminant aura été déterminé par un ressenti fort lors des études sur le Chi qui révèlent sa puissance. Ce temps sera consacré à l'utilisation d'une petite mécanique interne permettant à cette apnée de devenir un instant de pause calmée au summum de l'inspiration.

Le quatrième temps est celui de l'expiration et donc du retour du Chi au Tantien depuis le haut de la tête. Nous associons nos ressources de détente centrée en restant dans l'axe vertical, l'apaisement qui nous dirige vers « l'océan de calme », le cheminement de la redescente du Chi à fleur de peau suivra sa route jusqu'au centre du ventre-haut puis plongera à l'intérieur vers le Tantien.

La petite circulation, comme le Taï Ji Quan ne peut être apprise dans un livre. J'en fais ici une description sommaire qui permet de comprendre ce que le pratiquant de l'Art du Chi Méthode Stévanovitch réalise pendant qu'il pratique les série de postures de Taï Ji Quan. Chaque respiration et donc chaque posture contient ces quatre temps...
Voilà pourquoi le Taï Ji Quan se pratique avec lenteur.

Pratique du Taï Ji Quan

Nous connaissons la posture de départ et le renoncement à l'égo qui voudrait mener le Taï Ji Quan. Nous allons créer le mouvement mais en nous insérant dans le voyage de la vie commencé il y a si longtemps et juste maintenant, tellement présent.
Prêt pour la pratique de ce qui a été appris, digéré et qui a rempli notre être.
Je suis le pratiquant instantanéiste. L'artisan qui connaît le mouvement par cœur et qui l'utilisera pour réaliser l'œuvre de l'instant.

J'installe ma détente ainsi que l'ouverture au Chi et à ses échanges. Je m'ouvre à la relation globale de toutes les influences énergétiques. Éveillé et vigilant. La terre sous mes pieds, le ciel sur ma tête, l'environnement vivant autour de moi.

J'écoute mon Tantien et ses réactions pour m'installer dans l'axe que mon corps unifié a désigné. Debout, centré, je laisse s'installer la posture du cavalier. Je ne force rien, je laisse le corps s'imprégner du moment avec le bagage de son vécu, son comportement de l'instant.

Je peux maintenant ajuster ma respiration. Juste la première expiration dans le relâchement, la deuxième incluant le travail musculaire autour du Tantien. La troisième installant la petite circulation énergétique. Ça tourne...

La petite inspiration est le résultat de l'intention de commencer, celle-ci a puisé le Chi dans la terre en suivant la diagonale pied droit pressé dans le sol – Tantien - main gauche. Je laisse tout de suite le mouvement agir sur l'architecture de mon corps. Il a été préparé à la détente consciente, utilise sans anticipation les déplacements et les intentions pour se poser et réagir.

Je fixe mon attention sur la petite circulation énergétique pendant les deux premières respirations de façon à parfaitement lancer le processus qui se maintiendra pendant l'exécution de la série de postures (15 minutes, 1 heure ou 2 heures). Lâcher prise sur le vouloir faire, Wei Wu Wei, laisser le Taï Ji Quan se faire en soi.

Le premier adversaire arrive, tout est en place pour ne pas *reculer* et pour *combattre.*

En fait tout est en place pour ne pas « *reculer* » car la stabilité est totale, le Chi puissant et donc la victoire acquise ; pour « *combattre* » car la lutte pour la vie devient l'amour omniprésent de la Vie, la reconnaissance vécue de la puissance énergétique surgie à la naissance et poussant le premier cri.

L'intention anime l'être global à partir de l'inspiration, je ne suis plus fragmenté mais uni dans la marche silencieuse et respectueuse de la nature du vivant.

Si l'histoire des adversaires qui surviennent est présente, c'est pour se rapprocher du mouvement juste qui nous fait traverser la vie. « L'acte juste » si bien décrit par Madeleine Solvel[14] sera le fondement de la recherche de l'équilibre harmonieux. Elle dit notamment :

Si je vais vraiment au fond de moi, c'est l'autre que je trouve, c'est à dire l'être humain mais aussi la terre, animaux et plantes compris. La présence à soi et l'écoute bienveillante que m'apportent les techniques de Chi concernent autant l'extérieur que l'intérieur. Autant le non-moi que le moi, les deux finissant progressivement par se rapprocher.

Ainsi la légende du Taïchi suit son cours. Je suis maintenant à part entière dans le rythme essentiel de ma vie. J'ai abandonné les couches superficielles pour me fondre dans les cycles naturels. Heureux car centré.

Chaque pas contient le rythme de l'un des quatre temps de la respiration. Chaque mouvement trouve sa justesse dans l'équilibre entre la détente et la force énergétique. Chaque parade harmonise le flux de la diagonale de défense (Yang) avec le flux de la diagonale de compensation (Yin).

Les postures défilent... L'utilisation de la mémoire réactive parfois le singe fou, surtout si de nombreuses personnes suivent la pratique. Alors, le retour

[14] Fidèle à tous les cours de Vlady Stévanovitch pendant plus de 25 ans. Elle a soutenu tous les projets de Vlady. « L'acte juste » est un article paru dans un journal interne de l'École. Elle a notamment écrit un addendum dans un livre de Vlady Stévanovitch : La Voie du Taï Ji Quan.

à la petite circulation énergétique me remet à ma place. Je redeviens le résultat de la conjugaison des forces énergétiques qui perpétuent l'équilibre de la nature. Je suis l'homme, brin d'herbe, arbre, fourmis, conscient.

Il arrive que le Taï Ji Quan ait pris totalement sa place et que le singe fou disparaisse. Parfois un long moment.

Ce n'est qu'avec son retour que je peux constater qu'il s'est passé ce quelque chose d'indéfinissable. Sans en connaître « raisonnablement » les détails. Ces moments de plénitude sont simplement à vivre. Ne pas les chercher, ne pas tenter de les reconstruire. Ils reviennent quand tout est en place techniquement et que l'apaisement est là.

L'équilibre

L'équilibre est réalisé grâce aux enchaînements de postures qui assurent la répartition des forces, l'alternance des défenses et rechargements.

La balance s'équilibre lorsque le centre a été trouvé. Notre centre est le Tantien, il se situe en effet là où est notre centre de gravité. Mais cela ne suffira pas. En effet, selon la taille de vos muscles, de vos os ou de votre masse graisseuse, les proportions du corps ne sont pas ajustées sur une ligne centrale. Nous devrons donc ne pas nous fier à ce que nous voyons dans un miroir ni à un mètre ruban mais à notre capacité à ajuster les articulations pour trouver notre équilibre.

Bien sûr de nombreux exercices vous seront proposés pour cela. Celui sur les axes est souvent une révélation.

Dans un corps détendu (toujours) et centré sur la puissance et la force du Tantien nous imaginerons une première ligne verticale qui ira du périnée au haut de la tête et qui passera par le Tantien. Par un déplacement de la conscience dans le corps nous ajusterons la position pour que cette ligne passe par les trois points. Nous placerons ensuite une ligne horizontale perpendiculaire à la première pour ajuster la zone avant et la zone arrière, ce qui bien sûr viendra modifier la première ! Il faudra donc ajuster les deux. Une troisième ligne perpendiculaire à la deuxième et à la première passera par les côtés gauche et droit… Nouveaux ajustements en perspective !

Dans les articles sur le Taï Ji Quan vous lirez de nombreux bienfaits, parmi ceux-ci, l'influence sur le squelette. L'axe vertical et le renforcement musculaire profond de la ceinture abdominale y sont pour beaucoup. Par l'exercice décrit plus haut (à réaliser avec son enseignant) vous sentirez directement l'équilibre s'installer par la douceur de votre intervention. Vous le sentirez car votre corps aime ça, il va vous le faire comprendre parce que vous êtes à l'écoute et que vous avez choisi la bienveillance avec vous-même.

D'autres exercices viendront placer d'autres lignes à diverses hauteurs (exemple : bassin, poitrine, épaules) permettant de re-disposer par touches légères tout le squelette, le ressenti de l'équilibre sera encore plus net.

Pour les personnes qui perdent assez souvent leur équilibre, l'application de la technique du Taï Ji Quan pour passer d'un pied sur l'autre pourra donner de très bons résultats.

Pour maintenir l'équilibre en levant une jambe :

Vous êtes debout, les pieds éloignés l'un de l'autre d'au moins une vingtaine de centimètres. Vous êtes un peu sur la partie externe des pieds.

Les pieds sont sur une surface plane et vous agrippez le sol avec les doigts de pieds (même dans la chaussure).

Déverrouiller les articulations de la cheville et du genou (léger fléchissement).

Basculer un peu le bassin en rétroversion (fesses descendues et pubis remonté)

Resserrer la ceinture abdominale sur le Tantien et maintenir le redressement de l'axe vertical pendant tout l'exercice.

Maintenant, déplacer le poids du corps sur la jambe porteuse.

Basculer un peu plus le bassin pour entraîner l'autre jambe à se relever, continuer en agissant toujours sur le bassin et la jambe.

Pour redéposer la jambe, inverser le mouvement du bassin jusqu'à ce que le pied touche le sol. Lorsque le pied est sur une surface plane, commencer à répartir le poids du corps à égalité sur les deux pieds.

Respiration, détente, équilibre, centrage, tout est en place pur intensifier les réponses du corps aux stimuli du mouvement.

Un art vivant

Plus qu'une retranscription de postures inscrites dans la pierre, il s'agit d'un art vivant. Les plus expérimentés sont aussi ceux qui cherchent à maintenir les formes de Taï Ji Quan au meilleur niveau dans la tradition de ce qui a été donné.

C'est une discipline qui nécessite d'abord une grande fidélité et ensuite une grande neutralité. Pas de singe fou, pas de démonstration, pas d'égo. De la rigueur dans le vivant, de la souplesse dans la compréhension.

Les enseignants de l'Art du Chi Méthode Stévanovitch se réunissent pour maintenir cette fidélité. Les plus anciens corrigent parfois de toutes petites choses ou une dérive apparue souvent chez plusieurs enseignants en même temps. Je cite par exemple le fait de ne pas assez plier les jambes pendant les pratiques. Comme nous avons beaucoup de débutants, il est difficile d'utiliser tout de suite les muscles des jambes qui ne se sont pas encore préparées, aussi petit à petit nous restons un peu plus hauts que ce qu'il faudrait.

Aussi, nous allons nous ressourcer dans les divers Centres Internationaux. Si nous ne pouvons pas nous déplacer, ce sont les enseignants de ces Centres qui parfois se déplacent, ce qui augmente le panorama des connaissances.

Juste imiter les mouvements

Même si vous n'avez jamais appris le Taï Ji Quan, vous vous placez derrière celui qui mène et vous imitez ses pas et ses mouvements. Aussi gauche que vous pouvez l'être, vous ne serez pas la même personne après quelques dizaines de minutes. Les séries de postures ont été réglées de façon si fine qu'elles suffiront à vous transformer.

J'entends les paroles de surprise des élèves qui ne peuvent pour diverses raisons suivre les cours en salle et qui décrivent les bienfaits dus simplement aux pratiques hebdomadaires extérieures de Qi Gong et de Taï Ji Quan dans la nature.

Ces simples imitations font entrer le corps dans une autre dimension de la relation à soi. Certains élèves participent à ces entraînements extérieurs pendant quelques temps jusqu'à ce qu'ils aient enfin l'occasion d'approcher les techniques pendant les cours ou les stages. Ils tissent alors les liens avec leur vécu.

On ne vous demande pas de croire en quoi que ce soit. Les réponses à vos questions sont dans votre propre ressenti des effets du Taï Ji Quan. Nous connaissons les limites de nos sens (vues dans le chapitre sur les sens) et nous les affinerons pour augmenter l'écoute en restant conscient de l'écart entre la prétendue réalité et celle qui est inatteignable…

Ces pratiques extérieures sont souvent offertes. Il s'agit du partage d'un centrage et de la participation à un mouvement d'ensemble dans lequel on peut se laisser porter. Ne rien anticiper. Suivre...

Le ressenti

Les moments de bien-être s'accumulent. Les mains réagissent à plus de sollicitations, reçoivent et émettent le Chi selon les besoins ou les surprises. Nous laissons agir les réactions dues à la mise en œuvre des postures, les unes après les autres. Conscients des imperfections, mais émerveillés des réponses aux actes justes. Cela nous guide. Réintroduit la conscience claire lorsque l'ego surgit.

Je me rends compte que le singe fou a disparu seulement au moment où il réapparaît.

Les vouloir-faire sont abandonnés. Rester présent et laisser faire le Taïchi. Peu solliciter la mémoire intellectuelle au profit de la mémoire du corps. La « danse » ancestrale réunit l'homme à ses profondeurs, à sa nature pure.

Si vous avez encore un peu de temps après le Taïchi, asseyez-vous confortablement, là dans l'herbe. Ouvrez ou fermez les yeux, peu importe, et laissez encore faire. Les cycles de la petite circulation énergétique persistent. L'apaisement suscité par votre Taïchi est dans la globalité de ce que vous êtes mais aussi dans la globalité de ce qui est autour de vous. Vous réalisez que votre énergie est celle de tous, celle d'un tout. Que rien ne vous appartient et que tout dépend de vous. Vous êtes la nature.

La nature

Cette relation à la nature devient de plus en plus nette dans le parcours du pratiquant...

D'abord les postures elles-mêmes : Il faudra du temps pour finalement sentir que cette posture du cavalier est une posture naturelle (oui) qu'elle est un entonnoir à Chi. Combien d'exercices de détente, de compréhensions de l'utilisation des muscles utiles seront nécessaires pour y arriver ? Combien de questions cartésiennes avant d'aborder le silence de l'écoute ?

Et enfin, sentir qu'aujourd'hui l'installation dans la posture s'est faite dans la juste intention. Sans prétention. A cet instant, la nature est en vous sans que vous n'ayez rien demandé. Vous la retrouvez. Elle ne vous a jamais quittée.

Le Taï Ji Quan vous a autorisé cette approche sensible vers ce que vous avez toujours été et que les influences de votre entourage ont soit encouragé, soit détruit ou affecté.

Quels mots pourraient décrire cela ?

Mes pauvres mots sont encore cette pauvre description venant de mes pauvres sens…

Alors j'utilise les mots : apaisement, lumière, profondeur, connexion, océan de calme, clarté. En espérant que dans votre esprit ils puissent représenter un peu de ce que je ressens.

Un témoignage

Cet essai d'écriture n'est rien de plus qu'un témoignage. L'expression de ma réalité à travers mes phrases. La reconnaissance de ce que m'ont appris mes enseignants dans l'école de l'Art du Chi Méthode Stévanovitch. Et quelques expérimentations personnelles qui m'ont enrichi.

Dans cette association d'amoureux de la Vie il n'y a pas de maîtres, pas d'influenceurs. Chacun respecte le travail de l'autre et peut venir puiser dans les connaissances de celui qui a une expérience à partager.

Faire prospérer l'amour de la Vie par l'approche de l'indicible.

Ce qui n'est pas dit c'est ce que vous avez dans le cœur et que personne ne peut traduire. C'est le silence qui suit les cours de Chi.

Le bonheur intérieur n'est pas tonitruant.

Nous ne pratiquons pas en musique. La méditation en mouvement est un espace de silence mêlé aux bruits de la nature devant lequel on se remplit.

Lorsque la Vie assouvit l'être, on peut entrevoir de l'eau de joie qui coule sur les joues.

Alors nous sommes heureux de partager l'incommensurable par le silence, le regard et le sourire.

Je ne voudrais pas décrire nos cours comme un paradis car chacun avance à son allure et continue à être soumis aux afflictions. Mais je constate quelle joie nous avons de nous retrouver, de quelle façon chacun respecte l'autre. Je vois l'ego doucement faiblir et les rapports humains devenir plus simples. Souvent, ceux qui nous rejoignent sont déjà dans cette recherche et parfois trouvent avec nous une des Voies de leur quête.

C'est simple.

1 L'approche occidentale explique et répond à la demande de clarté.

2 Les techniques de détente, de respiration et de Chi trouvent le chemin auquel vous ne vous attendiez pas, celui de la vérité naturelle.

3 Les mouvements de Qi Gong et les 24 et 108 postures de Taï Ji Quan légitiment le fait que le bien-être et la santé passent par le mouvement conscient.

4 Les mouvements des 127 postures de Taï Ji Quan se vivent comme le passage d'une porte ouverte sur les chemins de l'infini.

Il suffit de choisir la bienveillance envers soi-même. De s'y tenir.

Il suffit de commencer…

Table des matières

1. Apprenti du Chi, accepte les cycles. 3

La transformation 4

Les errements donnent la direction 4

Le choix 7

Choisir la bienveillance envers soi-même 8

Premier cours 9

Rire et se relever 10

Les experts sont les personnes qui ont traversé le plus d'échecs 10

Ne pas résister 14

Premières relations avec le Chi 17

Expansion et pression entre les mains ! 18

La détente, la respiration et le mouvement 19

Premiers pas dans la détente et la respiration 20

Le mouvement 22

L'intention 23

Le singe fou 26

Le Taï Ji Quan se fait en toi 28

L'essence de la vie 30

Les postures 32

Premier combat 34

Trouver le centre 36

Le Tantien 38

Les sens 41

2. Artisans du Chi, vous intégrez un monde vivant 45

Harmonie 46

La technique 47

La détente 47

Travail musculaire dans le ventre bas 48

Amplitude de la respiration 50

La verticalité 51

La petite circulation énergétique 53

Pratique du Taï Ji Quan 54

L'équilibre 57

Un art vivant 59

Juste imiter les mouvements 60

Le ressenti 61

La nature 62

Un témoignage 63

Je remercie ma compagne Élisabeth pour ses encouragements, sa patience et sa lecture ; Christiane, ma sœur pour sa lecture, ses corrections et ses conseils.

Je remercie mes premiers enseignants Laurence et Guy pour m'avoir mis sur la Voie, ainsi que Vlady, Michèle et les autres professeurs de l'école.

Je remercie tous mes élèves pour leur écoute, leur regard, leurs questions.

Je remercie spécialement Vlady pour son intégrité. Il a su s'effacer (malgré sa taille !) devant ce qui est plus Grand que soi. Il a su y ajouter l'humour et, rendre accessible et compréhensible un long chemin de recherches personnelles sur le trésor qui lui avait été transmis.

Printed by Books on Demand GmbH, Norderstedt / Germany